Au Dieu Hasard!

L'origine de ma famille se perd dans la nuit des temps et remonte fort au-delà des Croisades. Je n'ai donc rien à envier aux plus illustres. Noé en fut la souche, mais j'avoue humblement que, depuis le déluge et de longs siècles après, mes lointains aïeux vécurent confondus avec ceux des Biron, des Larochefoucauld, des Villars et des Montalembert. Comme le mérite est avant tout personnel, je me confine dans une antique et vénérable roture, laissant à d'autres le souci de dissimuler, derrière vingt quartiers de noblesse, les exactions féodales de leurs ancêtres.

Plus modestes sont les miens, et, bien qu'occupant une position en vue, ils verraient sans déplaisir l'ombre plus ou moins lointaine d'une illustration ancestrale tempérer l'éclat de leur origine plébéienne. Tournant les yeux vers la plus pure, ils me prièrent, moi, compatriote d'Isabelle Romée, d'établir, *d'une manière authentique,* que ma famille est intimement liée à celle de Jeanne d'Arc. Je me ris de cette prétention ridicule, je leur en démontrai l'inanité, j'invoquai même la prescription, mais, piqués au vif, moins par ambition que par amour-propre, ils tinrent bon contre l'impossible, et, chose inouïe, le hasard me donna tort.

Le 25 août 1866, j'allai demander l'hospitalité dans un presbytère du doyenné de Vaucouleurs, que je ne désigne pas autrement pour m'épargner tout ennui. Le bon curé étant momentanément absent, je laissai Mlle *Gertrude* à son ménage et m'en fus visiter l'église. Mon instinct de fureteur me conduisit à la sacristie que j'inventoriai d'un coup d'œil. Sur une planche assez élevée gisaient, sous la poussière, de vieux livres hors d'usage, que j'atteignis au moyen d'un escabeau. L'un surtout — ô bienheureux hasard ! — attira mon attention. C'était un *Antiphonaire* de Toul, dont les ais vermoulus avaient été suppléés par de multiples feuilles de parchemin superposées et cousues ensemble. En palpant la couverture, je constatai, au côté gauche, un renflement anormal, qu'au toucher je jugeai devoir provenir de papiers étrangers dissimulés à dessein. Saisir mon canif, couper les fils, attirer à moi les mystérieux papiers et les glisser dans ma poche fut l'affaire d'une minute à peine, d'autant mieux qu'ayant cru entendre du bruit dans l'église, j'avais hâte de tout remettre en son lieu.

Quelle que fût mon impatience d'examiner l'objet de mon larcin (1), je rentrai au presbytère où le déjeuner m'attendait. Il était copieux, je bus et mangeai de l'appétit des justes, et talonné par la curiosité, je pris congé de mon hôte qui, malgré mes instantes prières, s'obstina à m'accompagner jusqu'à la gare la plus prochaine et à m'installer dans mon compartiment.

Le train en marche, je tirai mon trésor de sa cachette. Il consistait en quatre feuilles in-quarto couverts d'une grosse écriture dont l'encre, jaunie par le temps, exigea, sur certains points, l'emploi des réactifs. Mais quelle fut ma surprise de lire en tête du manuscrit : *Icy est la lignée masculine de Jacquemin du Lis, frère de la Pucelle.* Le tout signé : *Fr. Benoist, 1686.*

---

(1) Je l'ai réintégré depuis discrètement où je l'avais pris.

Voici, en substance, la teneur de ce précieux document :

Jacques ou *Jacquemin du Lis,* l'aîné des frères de la Pucelle, eut de *Catherine Corviset* (1), qu'il épousa à Vaudeville, outre une fille nommée *Jeanne, Pierret du Lis* qui, après la mort de son père et jeune encore, fut conduit chez ses grands-parents maternels. Agé de vingt-quatre ans, il revint à Vouthon-haut, son pays natal, sur le petit domaine qu'il tenait de son père, et en 1463, prit pour femme en ce pays, *Anne Louret.* De cette union naquirent plusieurs enfants, dont une seule fille, *Didon,* parvint à l'âge nubile et continua la postérité (2).

Sans quitter Vouthon-haut, Didon ou *Didette,* âgée de vingt-deux ans, épousa, en 1502, *Joseph le Parmentier,* de Sauvigny, en la châtellenie de Vaucouleurs. Intelligent et probe, il mérita d'être établi, dès 1508, par Philippe des Salles, à la mort de son père Pierre, intendant de la seigneurie des Vouthons. Joseph le Parmentier eut deux fils : *Demenge,* qui périt à l'armée, et *Anthoine,* d'abord laboureur d'une charrue, à qui il remit, en 1558, sa charge d'intendant, avec l'agrément de son maître et seigneur, Jean des Salles. Joseph le Parmentier survécut vingt ans à sa femme Didette et mourut le 13 décembre 1570, âgé de quatre-vingt-treize ans.

Antoine, que la haute situation de son père avait mis en relief, rechercha et obtint, en 1536, la main de damoiselle Christine, de Maxey-sur-Vaise, fille de Wauthier ou Gauthier Malherbe, maire en ce lieu pour Geoffroy III de Foug. Il mourut subitement avant son père, ne laissant qu'une fille,

---

(1) Agée de 43 ans à la mort de son époux, Catherine convola en secondes noces avec *Jacques le Melcion* de Ruppes (Vosges), dont elle put avoir des enfants. De là peut-être la souche apocryphe des *Melcion d'Arc,* dont une descendante, Mme la générale Cuny, est récemment décédée à Cherbourg. Cette branche, si Catherine Corviset eût pu en être l'origine, se rattacherait, non à Pierre, frère de la Pucelle, mais à Pierret du Lis, son neveu, fils de son frère Jacquemin.

(2) Depuis la sanglante bataille de Bulgnéville (2 juillet 1431), le ventre anoblissait en Lorraine.

Mangette ou *Marguerite*, épouse de *Didier Pelgrin*, auquel le comte Jean des Salles confia la charge de son beau-père pour la part qui lui revenait, après partage en 1559, dans la seigneurie des Vouthons.

Didier et Marguerite, mariés en 1557, occupaient une partie du château, que les comtes, à cette époque, visitaient à peine. Ils eurent trois enfants ; *Élisabeth*, qui fut religieuse ; *Étienne*, enseigne au régiment de Lenoncourt ; et *Claude*, qui continue la filiation de Jacquemin du Lis.

Claude Pelgrin, lieutenant de la haute justice des Vouthons, épousa, vers 1608, *Anne Royer*, de Vouthon-haut, dont il eut trois fils : *Jean*, grand chasseur devant l'Éternel, veneur des chasses de Bertheléville, mort célibataire ; *Antoine*, dont nous allons parler, et *Benoît* qui, d'abord moine, se fit le gardien bénévole de l'antique chapelle de Bermont, où Jeanne d'Arc aimait tant à prier la Vierge. Chargé d'ans et riche de mérites devant Dieu, Benoît mourut en odeur de sainteté dans son modeste ermitage en 1688 (1).

Antoine, qui eut pour parrain Alexandre-Louis des Salles, comte, seigneur des Vouthons et de Bertheléville, épousa, en 1647, *Louise*, sœur de Viart, procureur fiscal en 1676 (2). Il en eut quatre fils : *Alexandre* et *Pierre*, frères jumeaux, qui s'enrôlèrent en bons Lorrains au service du duc Charles V, *Ignace*, qui prit femme à Gondrecourt et s'y fixa ; enfin *Claude*, époux de *Marie Bicherotte*, dont il eut, en 1686, *Marie-Anne* Pelgrin

---

(1) En creusant les fondations d'une maison de campagne à Bermont, vers 1838, les terrassiers brisèrent d'un coup de pioche, à cinquante centimètres de profondeur, une dalle ou pavé en pierre du pays portant cette inscription : Fr. Benedictus | Peregrinus | obiit 1688. M. Saincère, le propriétaire, en recueillit les fragments et les conduisit dans sa maison de Goussaincourt où peut-être ils sont encore. Ce Benoît est évidemment l'auteur du manuscrit. Sa rédaction fait supposer que sa généalogie se greffe sur une autre, conduite jusqu'en 1570 et plus proche de la souche par conséquent.

(2) Antoine Pelgrin ou *Pellegrain* était, en 1676, lieutenant de la haute justice des Vouthons.

La famille des *Labourasse,* unique en France (1), a eu pour chef, suivant la tradition, un officier de l'armée du maréchal de Gassion, qui prit et démantela en 1635, l'inoffensif château de Vouthon. Très grièvement blessé, cet officier aurait été recueilli dans une famille hospitalière dont, pourvu d'un congé de réforme, il reconnut les bons soins en épousant une des filles, dont nous ignorons le nom (2). Ce qui est certain, c'est qu'en 1647 naquit de cette union, à Vouthon-haut, un fils unique, *Antoine Labourasse,* qui épousa *Marie Richelot* en 1670. Il eut de ce mariage, en 1686, *Claude* (3) qui, en 1707, prit pour femme cette *Marie-Anne* PELGRIN, descendante en droite ligne de Jacquemin, frère aîné de la Pucelle et qui a transfusé dans nos veines quelques globules d'un sang généreux.

Cette descendance bien anodine, qui ne dépossède personne, pourra être discutée. A mon point de vue particulier, la question est sans importance, aussi me garderai-je bien de rompre des lances contre mes contradicteurs. Alliés aux Pelgrin (du Lis), les Labourasse sont restés d'honnêtes gens, bien cotés dans les annales de leur village. C'est leur plus beau titre à mes yeux.

H. LABOURASSE,

Officier de l'Instruction publique.

---

(1) Je ne connais aucun *Labourasse,* nommé dans le Bottin ou ailleurs, qui n'appartienne à ma famille, à un degré plus ou moins éloigné. Un sieur François Labourasse, de Vouthon-haut, ancien soldat de 1793, disait en avoir trouvé en Bretagne.

(2) Le contrat de mariage fut dressé, soit par Geoffroy (1628-1639), soit par Dedun (1639-1677), notaires à Maxey-sur-Vaise. L'étude a été supprimée en 1896, et les minutes confiées à M⁰ Marvillet, notaire à Vaucouleurs, « mais toutes les anciennes pièces avaient disparu. » (Lettre de *M. Chévelle,* prédécesseur de M⁰ Marvillet, du 18 février 1902.

(3) Outre *Claude,* Antoine Labourasse eut *Marie, Anne* et *Marguerite,* plus deux fils: *Nicolas* et *Antoine*; celui-ci n'eut que deux filles, et Nicolas quatre enfants, dont un seul fils, *Pierre,* mort sans postérité masculine. Claude Labourasse décéda le 30 avril 1738, lieutenant de la haute-justice des Vouthons.

Troyes. — Imprimerie Gustave FRÉMONT, rue Urbain IV, 85.